parte de tudo
Iuri Pereira

edição brasileira © Hedra 2025

edição Jorge Sallum
assistência editorial Cristina Yamazaki
revisão Rogério Duarte
capa Lucas Kröeff
ilustração da capa Marcelo Cipis

agradecimentos Alexandre Barbosa de Souza

ISBN 978-65-89705-33-8

Dados Internacionais de Catalogação na Publicação (CIP)
(Câmara Brasileira do Livro: SP, Brasil)

Pereira, Iuri
 parte de tudo. Iuri Pereira. 1. ed. São Paulo, SP: Hedra, 2025.

ISBN 978-65-89705-33-8

1. Literatura brasileira. 2. Poesia. 3. Literatura contemporânea.
I. Título.
2025-2005   CDD: 869.1

Elaborado por Odilio Hilario Moreira Junior (CRB-8/ 9949)

Índices para catálogo sistemático:
1. Literatura brasileira: Poesia (869.1)
2. Literatura brasileira: Poesia (821.134.3(81)-1)

Grafia atualizada segundo o Acordo Ortográfico da Língua Portuguesa de 1990, em vigor no Brasil desde 2009.

Direitos reservados em língua portuguesa somente para o Brasil

EDITORA HEDRA LTDA.
Rua Sete de Abril, 235 cj. 102
01043-904 São Paulo SP Brasil
Telefone/Fax +55 11 3097 8304
editora@hedra.com.br
www.hedra.com.br
Foi feito o depósito legal.

parte de tudo
Iuri Pereira

1ª edição

hedra
São Paulo   2025

Sumário

Horácio ensina poesia 9
Telefonema para João Ângelo 11
Elogio de uma cidade 13
Instruções para Belisa 15
Hoje é sempre 17
Quem me guia, respira 19
Em mim aqui 21
Partido 23
Nota sobre a utilidade da toupeira 25
Arte de morrer 27
Aula em família 29
Pequenos desejos 31
drummmmmmm 55
Dois silêncios 57
Procura do poeta 61
Três visões de Rilke 63
Noturno 67
Litania para um filho que retorna 69

Em tudo e em toda parte o homem não passa de um amálgama de partes desengonçadas.

MONTAIGNE

Horácio ensina poesia

Fuja do barulho
Aproveite a vida
Evite o que é vão
Maravilhe o médio
Construa uma casa

Telefonema para João Ângelo

Hoje pensei o dia inteiro em te ligar
porque tive vontade de ouvir
a sua pressa, a sua ansiedade e a sua urgência
ao telefone, e claro, você,
o que está fazendo e tal,
e as lições do professor de poesia, a quem
sempre releva perguntar o que está lendo.

Porque você tem seu Catulo, seu Horácio,
seu Plínio Jovem,
a remediar — e, sejamos
positivos, preencher —
a vaga do tempo incompreensível.
E eu te contaria que andei lendo
a biografia de Petrarca.

E você, com seus livros,
com seus clássicos e urgência,
repõe as letras no sentido das coisas,
quando, amigo e professor,
traz os poetas da Roma velha e cansada
pra passear nas ruas da Santa Cecília,
Angélica, Consolação.

E eu te diria que Petrarca,
tão alto poeta,
viveu mergulhado em ninharias, como nós,
doce consolo.

E minha amiga sempre diz
dos encontros que havia antes
e não há mais
— e eu me lembro
de você
e de seu sonoro nome em minha agenda
e penso que estamos aqui
e também nos encontramos
e almoçamos na cidade poluída
defendendo nosso Horácio
no fundo do bolso.

Elogio de uma cidade

Desculpe não ter respondido antes,
estava viajando e voltei ontem.
Se tiver um tempo
te recomendo muito uma pequena cidade
chamada Bolonha,
que significa "toda boa".
Fica na Itália.

Lá tem duas torres na praça
que são bonitas até
e antigas
e vale a pena ver.

Depois, um lindo castelo,
a vinte passos,
de um rei chamado Enzo.
É bonito também.
Nem parece de verdade.

Tem também uma pinacoteca
com pinturas pequenas
e grandes, medievais.
Algumas bem comoventes.
Uma igreja no alto de um morro
ela mesma linda e com um caminho

por galerias cobertas
que se faz a pé.
Sem contrição.

Mas tudo isso é só o ornamento
de uma vida que a percorre
e que é feita por uma gente
grata, otimista e persistente,
uma vida que está nas ruas
e continua atrás das portas,
que está na resposta
casual ao pedido de informação
de um viajante desnorteado
e também na graça dada
à conversa espontânea na praça
ou ao redor de uma mesa de jantar,
donde mais motivada, mas não menos generosa.

É por essa gente
amigada às coisas e à vida
que te recomendo.
Porque, não são as pessoas
a mais grata surpresa da vida?

Instruções para Belisa

Se for à praia
convém levá-los prontos.
Não se pode lutar
contra o vento e a umidade
que serão contrários
à bela execução.

O papel,
pré-cortado e perfeitamente seco,
deslizará entre os indicadores e polegares
para formar o leito.

O fumo, sem caroços e bem desfiado,
encontra então o leito pronto
onde deitar-se.
Um pequenimo punhado
será bastante.

Em seguida, acrescenta-se o filtro,
cuja espessura e forma
delimitará o restante.

Novamente se rola entre os dedos
acondicionando o fumo
como um cilindro.

Apertando bem
se dobra para dentro
a parte sem cola
deixando saliente
o outro lado do papel.

Com pouca saliva
a cola sensibiliza-se
para aderir ao papel
formando um canudo.

Seu cigarro estará pronto
para acomodar-se
entre os lábios.

Uma pequena chama
para acionar a combustão
e a saborosa fumaça poderá descer
ao quarto escuro dos pulmões.

Tudo para acabar
em cinza, fumaça e lembrança.

Tudo para acabar
como nós
em um suspiro.

Hoje é sempre

Outra coisa, entretanto, em que pese o desvio,

é descobrir que o Brasil,
onde quer que seja,

(e eu conheço tão pouco)
de fato, é sempre a mesma coisa,

porque tem sim uma unidade
primordial e mordente,

não mística e sem nenhum sobrenatural,
apesar da busca do paraíso,

mas histórica e concreta,
feita de índios e marcos de pedra

e sangue, que também é sempre o mesmo,
e é o nosso, que é da mesma cor do pau

e continua correndo.

Quem me guia, respira

Quando estou no elevador
amo a insipidez metálica

Quando estou na roça
a umidade da terra
o canto dos pássaros

Porque a meu corpo
só as coisas importam

Indiferente às ideias
goza as coisas
que nele esbarram,
se espalha e recolhe,
está presente

Em mim aqui

Quando tenho interesse
pela vida das tartarugas

Quando acho que qualquer lugar
é igual em potência de vida

Quando penso que hoje
é apenas um dia de inverno

Estou presente em meu presente

Partido

Em todo lugar onde pouso
eu deixo o meu coração

e quando parto
sinto uma dor

que é a mesma
dor do parto

mas parto
de um coração

meu coração não se parte
fica sempre inteiro em mim

e fica inteiro onde o deixo
e sobrevive sem mim.

Nota sobre a utilidade da toupeira

Os lavradores e jardineiros
têm singular preocupação
contra as toupeiras

único mamífero
subterrâneo
destruidor de lavouras

obsta a mão diligente
do ceifeiro impaciente
colhendo seu feno

perseguida, pois, como
inimiga, com sanha
infatigável de morte

a toupeira nas entranhas
só quer sossego. Pare,
cria e morre no breu

ensina a tornar
a terra mais leve
e ali se conserva

sua obra predatória
beneficia as culturas
de gente ignorante

que em troca só oferece
acusações de vandalismo
contra sua natureza

Arte de morrer

Preparando a lentidão
vou andando devagar
pra retardar o futuro

Não vou contando meus passos
pra não antever os últimos

Treze pássaros voando
desorganizam as nuvens

Um par sozinho de tênis
esquecido na calçada
testemunha o turbilhão
da noite que já vai longe

Vou andando devagar
contra o tempo
que me atrasa

O futuro não se apressa
pousa devagar em mim
o futuro não se atrasa
e traz com ele o meu fim

Aula em família

O avô da minha amiga,
recém-operado, recebe,
no hospital, a visita
da neta querida.

Ele está preocupado
com o muito que já viveu
e quer dizer a ela
coisas duradouras.

Escolhe as palavras
e, com seu sotaque
azul, assevera:

– Graciliano era muito bom,
mas Zé Lins sempre foi
melhor narrador.

Pequenos desejos

Ai que vontade
de ler Cecilia Meireles
e Oswald de Andrade.

Ai que vontade
de saber se Balzac
morou em edifício
com elevador.

Ai que vontade
de ouvir Debussy
e as delicadezas
de uma gymnopédie.

Ai que vontade me deu
de ser Casimiro de Abreu
e, cheio de desenganos,
dizer Ai, os meus oito anos.

Ai que vontade de ser um poeta romântico
e escrever um poema composto somente,
essencialmente, de vermelho e branco.

Ai que saudade
de ter, como um lamento,
uma Bahia
que não me sai do pensamento.

Ai que vontade
de ser o Mário de Andrade
gastar o dinheiro do bonde na livraria
e voltar para casa a pé lendo poesia.

Ai que vontade
de ler um dicionário
húngaro-alemão
que meu amigo
me deu por mofa
de falsa erudição.

Ai que vontade sem cura
de ler aquele poema que começa
não entre tão depressa
nessa noite escura

Ai que vontade de ser
um poeta oriental
dizer a complexidade do mundo
em termos de pedra e pau

Ai que vontade de ouvir
como quem quer uma explosão
California über alles
se espalhando pelos ares

Ai que vontade
de ouvir da orelha ao pé
a Isabelle Huppert
dizer s'il vous plaît

drummmmmmm

drummmmmmm   asdoresdomundo
mmmmmmmmm   ossecosdeminas
mmmmmmmmm   osfantasmasdasala
mmmmmmmmm   assetasvisdoamor
mmmmmmmmm   acorrosãodaironia
mmmmmmmond   afaltadealegria

Dois silêncios

1

Um poeta
da Ilha do Governador
pode tirar
leite de pedra

Pode tirar
uma epifania
de um monograma turqui
de uma cerejeira
de um espaldar
de jaqueta

Este poeta
de sua casa vazia
não pode mais dizer
com sua poesia
o que quer
que seja

2

Um poeta
de Borda da Mata
é capaz de dizer
com língua travada
sua dor na carne
exposta quando cai
da garupa de seu pai

Este poeta
na cidade repleta
de tantas silhuetas
tem sua língua deserta
e agora traz calada
sua dor

3

Este poema
quer remediar
por pouco
quanto seja
de expressão
fazendo-os dizer
que quando não dizem nada
dizem que nada dizem
e nós os esperamos
ouvindo dizerem
nada.

Procura do poeta

Ele é o poeta mais certo
de toda a minha cidade.
No que depender de mim
laureado derradeiro;
passo olhando a cada esquina
procurando o paradeiro:
onde andará dirceu villa?

O poeta zanza ao léu
procurando seu terreiro,
seu nono céu, quinto éden,
(vou desfolhando o loureiro);
enovela a sua sina
tuffato nella rotina,
e só. Onde a musa que o anima?

Sua efígie esbanja gala
de cavanhaque e colete;
sua sombra segue avante,
evocando Giacometti;
atrás de sua elegância,
seca o sangue, ringem ossos.
O que quer em sua errância?

Fosse o mundo de outra têmpera
outro seria o império
uma vila sem fronteiras
babel de todo hemisfério;
unicórnio entoa hebreu
sereias tocando ragas:
era a vila de dirceu.

Eu não teria outra via,
ia estudar a mecânica
nesse jardim sem sevícia
de qualquer trecho de sêneca.
Vai ter vinha, vai ter mel,
vai ter musa, vai ter lira,
lá no jardim de dirceu

mas me falta este endereço.
Não sei por onde começo.
Ponho anúncio no jornal?
Dou queixa na delegacia?
Lambe-lambe e luminosos?
A causa é cosmopolita:
onde andará dirceu villa?

Três visões de Rilke

I

Quando visitei Munique
lia um livro de memórias
que falava da revolução
conselheirista de 1919
que tinha acontecido
bem ali
— as balas e a correria
em torno à praça de Maria

Logo a revolução cai
e o revolucionário Toller
escondido num apartamento
recebe a visita do poeta.
Eureka!
O poeta deve ter
morado ali.

II

Em um museu da cidade
entre um mar de salas
brancas do mármore
de bustos e estátuas:
Ali!
O torso de Apolo arcaico
e o transporte imediato:

Será que foi este
que o poeta viu?

III

Na última noite
fomos à rua
Ainmiller 34
último endereço
do poeta na cidade
antes do exílio branco

Andei pela mesma rua
para olhar a placa
indicando "aqui morou,
de tanto a tanto…"

Já estava escuro
e a placa era escura
sem fotos pra lembrar

Vi a entrada lateral
por onde o poeta
preparado para o frio
saía em busca de seus anjos,
que não ouviram seus passos.

Noturno

Depois de ouvirmos
o concerto na catedral
atravessamos a
praça Alexandre =
com sua igreja
de paredes ocre

Toda a paisagem —
o chão branco de neve,
as galhadas nuas
no vento cortante —
toda a paisagem
era um lugar-comum
do norte romântico

= no caminho
do metrô.

Litania para um filho que retorna

Por muitas noites a espera
fez nossas noites insones,
mas hoje não dormiremos
celebrando seu retorno.

Aqueceremos o caldo
que antes nos aquecia;
lavaremos seus cabelos
em nossa velha bacia.

Oraremos junto à mesa
com nunca usado fervor
agradecendo o bom filho
que nos devolve o Senhor.

COLEÇÃO «HEDRA EDIÇÕES»

1. *A arte da guerra*, Maquiavel
2. *A conjuração de Catilina*, Salústio
3. *A cruzada das crianças/ Vidas imaginárias*, Marcel Schwob
4. *A filosofia na era trágica dos gregos*, Friedrich Nietzsche
5. *A fábrica de robôs*, Karel Tchápek
6. *A história trágica do Doutor Fausto*, Christopher Marlowe
7. *A metamorfose*, Franz Kafka
8. *A monadologia e outros textos*, Gottfried Leibniz
9. *A morte de Ivan Ilitch*, Lev Tolstói
10. *A velha Izerguil e outros contos*, Maksim Górki
11. *A vida é sonho*, Calderón de la Barca
12. *A volta do parafuso*, Henry James
13. *A voz dos botequins e outros poemas*, Paul Verlaine
14. *A vênus das peles*, Leopold von Sacher-Masoch
15. *A última folha e outros contos*, O. Henry
16. *Americanismo e fordismo*, Antonio Gramsci
17. *Anarquia pela educação*, Élisée Reclus
18. *Apologia de Galileu*, Tommaso Campanella
19. *Arcana Cœlestia e Apocalipsis revelata*, Emanuel Swedenborg
20. *As bacantes*, Eurípides
21. *Autobiografia de uma pulga*, [Stanislas de Rhodes]
22. *Ação direta e outros escritos*, Voltairine de Cleyre
23. *Balada dos enforcados e outros poemas*, François Villon
24. *Carmilla, a vampira de Karnstein*, Sheridan Le Fanu
25. *Carta sobre a tolerância*, John Locke
26. *Contos clássicos de vampiro*, L. Byron, B. Stoker & outros
27. *Contos de amor, de loucura e de morte*, Horacio Quiroga
28. *Contos indianos*, Stéphane Mallarmé
29. *Cultura estética e liberdade*, Friedrich von Schiller
30. *Cântico dos cânticos*, [Salomão]
31. *Dao De Jing*, Lao Zi
32. *Discursos ímpios*, Marquês de Sade
33. *Dissertação sobre as paixões*, David Hume
34. *Diário de um escritor (1873)*, Fiódor Dostoiévski
35. *Diário parisiense e outros escritos*, Walter Benjamin
36. *Diários de Adão e Eva*, Mark Twain
37. *Don Juan*, Molière
38. *Dos novos sistemas na arte*, Kazimir Maliévitch
39. *Educação e sociologia*, Émile Durkheim
40. *Édipo Rei*, Sófocles
41. *Elogio da loucura*, Erasmo de Rotterdam
42. *Émile e Sophie ou os solitários*, Jean-Jacques Rousseau
43. *Emília Galotti*, Gotthold Ephraim Lessing
44. *Entre camponeses*, Errico Malatesta
45. *Ernestine ou o nascimento do amor*, Stendhal
46. *Escritos revolucionários*, Errico Malatesta
47. *Escritos sobre arte*, Charles Baudelaire
48. *Escritos sobre literatura*, Sigmund Freud
49. *Eu acuso!*, Zola/ *O processo do capitão Dreyfus*, Rui Barbosa
50. *Explosão: romance da etnologia*, Hubert Fichte
51. *Fedro*, Platão
52. *Feitiço de amor e outros contos*, Ludwig Tieck
53. *Flossie, a Vênus de quinze anos*, [Swinburne]
54. *Fábula de Polifemo e Galateia e outros poemas*, Góngora
55. *Fé e saber*, Georg W. F. Hegel

56. *Gente de Hemsö*, August Strindberg
57. *Hawthorne e seus musgos*, Melville
58. *Hino a Afrodite e outros poemas*, Safo de Lesbos
59. *História da anarquia (vol. II)*, Max Nettlau
60. *História da anarquia (vol. I)*, Max Nettlau
61. *Imitação de Cristo*, Tomás de Kempis
62. *Incidentes da vida de uma escrava*, Harriet Jacobs
63. *Inferno*, August Strindberg
64. *Investigação sobre o entendimento humano*, David Hume
65. *Jazz rural*, Mário de Andrade
66. *Jerusalém*, William Blake
67. *Joana d'Arc*, Jules Michelet
68. *Lira grega*, Giuliana Ragusa (org.)
69. *Lisístrata*, Aristófanes
70. *Ludwig Feuerbach e o fim da filosofia clássica alemã*, Friederich Engels
71. *Manifesto comunista*, Karl Marx e Friederich Engels
72. *Memórias do subsolo*, Fiódor Dostoiévski
73. *Metamorfoses*, Ovídio
74. *Micromegas e outros contos*, Voltaire
75. *Narrativa de William W. Brown, escravo fugitivo*, William Wells Brown
76. *Nascidos na escravidão: depoimentos norte-americanos*, WPA
77. *No coração das trevas*, Joseph Conrad
78. *Noites egípcias e outros contos*, Aleksandr Púchkin
79. *O casamento do Céu e do Inferno*, William Blake
80. *O cego e outros contos*, D. H. Lawrence
81. *O chamado de Cthulhu*, H. P. lovecraft
82. *O contador de histórias e outros textos*, Walter Benjamin
83. *O corno de si próprio e outros contos*, Marquês de Sade
84. *O destino do erudito*, Johann Fichte
85. *O estranho caso do dr. Jekyll e Mr. Hyde*, Robert Louis Stevenson
86. *O fim do ciúme e outros contos*, Marcel Proust
87. *O indivíduo, a sociedade e o Estado, e outros ensaios*, Emma Goldman
88. *O ladrão honesto e outros contos*, Fiódor Dostoiévski
89. *O livro de Monelle*, Marcel Schwob
90. *O mundo ou tratado da luz*, René Descartes
91. *O novo Epicuro: as delícias do sexo*, Edward Sellon
92. *O pequeno Zacarias, chamado Cinábrio*, E. T. A. Hoffmann
93. *O primeiro Hamlet*, William Shakespeare
94. *O princípio anarquista e outros ensaios*, Piotr Kropotkin
95. *O princípio do Estado e outros ensaios*, Mikhail Bakunin
96. *O príncipe*, Maquiavel
97. *O que eu vi, o que nós veremos*, Santos-Dumont
98. *O retrato de Dorian Gray*, Oscar Wilde
99. *O sobrinho de Rameau*, Diderot
100. *Ode ao Vento Oeste e outros poemas*, P. B. Shelley
101. *Ode sobre a melancolia e outros poemas*, John Keats
102. *Odisseia*, Homero
103. *Oliver Twist*, Charles Dickens
104. *Origem do drama barroco*, Walter Benjamin
105. *Os sofrimentos do jovem Werther*, Goethe
106. *Os sovietes traídos pelos bolcheviques*, Rudolf Rocker
107. *Para serem lidas à noite*, Ion Minulescu
108. *Pensamento político de Maquiavel*, Johann Fichte
109. *Pequeno-burgueses*, Maksim Górki
110. *Pequenos poemas em prosa*, Charles Baudelaire
111. *Perversão: a forma erótica do ódio*, Robert Stoller
112. *Poemas*, Lord Byron

113. *Poesia basca: das origens à Guerra Civil*
114. *Poesia catalã: das origens à Guerra Civil*
115. *Poesia espanhola: das origens à Guerra Civil*
116. *Poesia galega: das origens à Guerra Civil*
117. *Præterita*, John Ruskin
118. *Primeiro livro dos Amores*, Ovídio
119. *Rashômon e outros contos*, Ryūnosuke Akutagawa
120. *Revolução e liberdade: cartas de 1845 a 1875*, Mikhail Bakunin
121. *Robinson Crusoé*, Daniel Defoe
122. *Romanceiro cigano*, Federico García Lorca
123. *Sagas*, August Strindberg
124. *Sobre a amizade e outros diálogos*, Jorge Luis Borges e Osvaldo Ferrari
125. *Sobre a filosofia e outros diálogos*, Jorge Luis Borges e Osvaldo Ferrari
126. *Sobre a filosofia e seu método (Parerga e paralipomena)* (v.II, t.I), Arthur Schopenhauer
127. *Sobre a liberdade*, Stuart Mill
128. *Sobre a utilidade e a desvantagem da história para a vida*, Friedrich Nietzsche
129. *Sobre a ética (Parerga e paralipomena)* (v.II, t.II), Arthur Schopenhauer
130. *Sobre anarquismo, sexo e casamento*, Emma Goldman
131. *Sobre o riso e a loucura*, [Hipócrates]
132. *Sobre os sonhos e outros diálogos*, Jorge Luis Borges e Osvaldo Ferrari
133. *Sobre verdade e mentira*, Friedrich Nietzsche
134. *Sonetos*, William Shakespeare
135. *Sátiras, fábulas, aforismos e profecias*, Leonardo da Vinci
136. *Teleny, ou o reverso da medalha*, Oscar Wilde
137. *Teogonia*, Hesíodo
138. *Trabalhos e dias*, Hesíodo
139. *Triunfos*, Petrarca
140. *Um anarquista e outros contos*, Joseph Conrad
141. *Viagem aos Estados Unidos*, Alexis de Tocqueville
142. *Viagem em volta do meu quarto*, Xavier de Maistre
143. *Viagem sentimental*, Laurence Sterne

COLEÇÃO «METABIBLIOTECA»

1. *A carteira de meu tio*, Joaquim Manuel de Macedo
2. *A cidade e as serras*, Eça de Queirós
3. *A escrava*, Maria Firmina dos Reis
4. *A família Medeiros*, Júlia Lopes de Almeida
5. *A pele do lobo e outras peças*, Artur Azevedo
6. *Auto da barca do inferno*, Gil Vicente
7. *Bom crioulo*, Adolfo Caminha
8. *Cartas a favor da escravidão*, José de Alencar
9. *Contos e novelas*, Júlia Lopes de Almeida
10. *Crime*, Luiz Gama
11. *Democracia*, Luiz Gama
12. *Direito*, Luiz Gama
13. *Elixir do pajé: poemas de humor, sátira e escatologia*, Bernardo Guimarães
14. *Eu*, Augusto dos Anjos
15. *Farsa de Inês Pereira*, Gil Vicente
16. *Helianto*, Orides Fontela
17. *História da província Santa Cruz*, Gandavo
18. *Iracema*, José de Alencar
19. *Liberdade*, Luiz Gama
20. *Mensagem*, Fernando Pessoa
21. *Meridiano 55*, Flávio de Carvalho

22. *O Ateneu*, Raul Pompeia
23. *O cortiço*, Aluísio Azevedo
24. *O desertor*, Silva Alvarenga
25. *Oração aos moços*, Rui Barbosa
26. *Pai contra mãe e outros contos*, Machado de Assis
27. *Poemas completos de Alberto Caeiro*, Fernando Pessoa
28. *Teatro de êxtase*, Fernando Pessoa
29. *Transposição*, Orides Fontela
30. *Tratado descritivo do Brasil em 1587*, Gabriel Soares de Sousa
31. *Tratados da terra e gente do Brasil*, Fernão Cardim
32. *Utopia Brasil*, Darcy Ribeiro
33. *Índice das coisas mais notáveis*, Antônio Vieira

COLEÇÃO «QUE HORAS SÃO?»

1. *8/1: A rebelião dos manés*, Pedro Fiori Arantes, Fernando Frias e Maria Luiza Meneses
2. *A linguagem fascista*, Carlos Piovezani & Emilio Gentile
3. *A sociedade de controle*, J. Souza; R. Avelino; S. Amadeu (orgs.)
4. *Ativismo digital hoje*, R. Segurado; C. Penteado; S. Amadeu (orgs.)
5. *Crédito à morte*, Anselm Jappe
6. *Descobrindo o Islã no Brasil*, Karla Lima
7. *Desinformação e democracia*, Rosemary Segurado
8. *Dilma Rousseff e o ódio político*, Tales Ab'Sáber
9. *Labirintos do fascismo* (v.III), João Bernardo
10. *Labirintos do fascismo* (v.II), João Bernardo
11. *Labirintos do fascismo* (v.IV), João Bernardo
12. *Labirintos do fascismo* (v.I), João Bernardo
13. *Labirintos do fascismo* (v.VI), João Bernardo
14. *Labirintos do fascismo* (v.V), João Bernardo
15. *Lugar de negro, lugar de branco?*, Douglas Rodrigues Barros
16. *Lulismo, carisma pop e cultura anticrítica*, Tales Ab'Sáber
17. *Machismo, racismo, capitalismo identitário*, Pablo Polese
18. *Michel Temer e o fascismo comum*, Tales Ab'Sáber
19. *O quarto poder: uma outra história*, Paulo Henrique Amorim
20. *Universidade, cidade e cidadania*, Franklin Leopoldo e Silva

COLEÇÃO «MUNDO INDÍGENA»

1. *A folha divina*, Timóteo Verá Tupã Popygua
2. *A mulher que virou tatu*, Eliane Camargo
3. *A terra uma só*, Timóteo Verá Tupã Popygua
4. *A árvore dos cantos*, Pajés Parahiteri
5. *Cantos dos animais primordiais*, Ava Ñomoandyja Atanásio Teixeira
6. *Crônicas de caça e criação*, Uirá Garcia
7. *Círculos de coca e fumaça*, Danilo Paiva Ramos
8. *Nas redes guarani*, Valéria Macedo & Dominique Tilkin-Gallois
9. *Não havia mais homens*, Luciana Storto
10. *O surgimento da noite*, Pajés Parahiteri
11. *O surgimento dos pássaros*, Pajés Parahiteri
12. *Os Aruaques*, Max Schmidt
13. *Os cantos do homem-sombra*, Patience Epps e Danilo Paiva Ramos
14. *Os comedores de terra*, Pajés Parahiteri

15. *Xamanismos ameríndios*, A. Barcelos Neto, L. Pérez Gil & D. Paiva Ramos

COLEÇÃO «ECOPOLÍTICA»

1. *Anarquistas na América do Sul*, E. Passetti, S. Gallo; A. Augusto (orgs.)
2. *Ecopolítica*, E. Passetti; A. Augusto; B. Carneiro; S. Oliveira, T. Rodrigues (orgs.)
3. *Pandemia e anarquia*, E. Passetti; J. da Mata; J. Ferreira (orgs.)

Adverte-se aos curiosos que se imprimiu este livro em
papel Pólen Soft 80, em tipologia Minion Pro, 11 pt,
com diversos sofwares livres, entre eles, LuaLaTeX, git.
(v. f670e5d)